CATALOGUE
d'une belle Collection de
TABLEAUX
ANCIENS ET MODERNES,
DES ÉCOLES
ITALIENNE, FLAMANDE, HOLLANDAISE ET FRANÇAISE,
BRONZES D'ART,
Meubles bois rose, Pendules, Candélabres et Objets divers,

dont la vente aura lieu, pour cause de Départ,

Les Vendredi 27 et Samedi 28 Février 1852,

A UNE HEURE PRÉCISE,

HOTEL DES VENTES MOBILIÈRES,

RUE DES JEUNEURS, 42,
Salle n° 2,

Par le ministère de Me **BONNEFONS DE LAVIALLE**,
Commissaire-Priseur, rue de Choiseul, 11;

Assisté de **M. FEBVRE**, Appréciateur,
Rue de Choiseul, 13,

CHEZ LESQUELS ON SE PROCURE LE CATALOGUE TROIS JOURS AVANT LA VENTE.

Exposition Publique
Le Jeudi 26 Février 1852, de midi à cinq heures.

AVERTISSEMENT.

Des Œuvres gracieuses de l'Ancienne École française, des Tableaux justement estimés des différents Maîtres de l'École flamande, et de plusieurs de nos premiers Artistes de l'École moderne, tels sont les attraits que présente cette vente aux Amateurs qui trouveront à satisfaire ainsi leurs goûts différents.

Nous appelons surtout leur attention sur un tableau capital de Lenain, digne à tous égards de figurer dans un Musée ou dans une collection de premier ordre.

5 centimes par franc en sus des Adjudications applicables aux frais de Vente.

Ordre de la Vente.

Le Vendredi 27 : à une heure précise, les Tableaux anciens ; à 4 heures, les Tableaux modernes.

Le Samedi 28 : continuation des Tableaux ; à 4 heures, les Meubles, Pendules et Objets divers.

DÉSIGNATION

DES

TABLEAUX.

BOURGUIGNON.

1. Camp Romain; à droite est un monticule sur lequel sont des officiers assemblés autour d'une table servie; sur le premier plan, soldats se reposant; dans le fond un corps d'armée.

DU MÊME.

2. Champ de bataille, officiers donnant des ordres pour le transport des morts et des blessés.

Ces deux productions rappellent les œuvres si recherchées de SALVATOR ROSA.

GREVINBROCK.

3. Construction du Temple de Salomon, tableau traité avec une rare finesse.

T. FRANCK.

4   L'Adoration des Mages, peinte sur albâtre oriental.

WOUVERMANS (D'après).

5   Choc de cavalerie.

TENIERS (D'après).

6   Danse Flamande.

DUPLESSIS BERTHAULT (Signé).

7   Bivouac hollandais.

DU MÊME.

8   Halte de cavaliers.

METZU (D'après).

9   Jeune Ménagère hollandaise à laquelle une vieille femme offre d'acheter une volaille.

SENAVE.

10 La Leçon de Lecture; chambre basse offrant un aspect pittoresque, dans laquelle une villageoise apprend à lire a un petit bambin qui préfèrerait l'école buissonnière.

DUPLESSIS BERTHAULT.

11 Marche d'un convoi militaire.

PO DE SAINT MARTIN.

12 Deux Paysages avec figures et animaux.

TENIERS.

13 Les Joueurs de quilles flamands.

P. LAFONTAINE (Signé).

14 Intérieur d'une église avec groupes de personnages de diverses conditions (costumes Louis XIII).

DU MÊME.

15 Intérieur de l'église Sainte-Gudule, à Bruxelles.

DU MÊME.

16 Intérieur de Notre-Dame-d'Anvers.

DU MÊME.

17. Intérieur de la Cathédrale de Malines. (costumes Louis XVI).

JOSEPH VERNET (Style de).

18 Paysage marine, soleil couchant.

TERBURG (Attribué à).

19 La lettre de recommandation.

LAURENT
(Peintre de la duchesse de Berry).

20 L'Oiseau bleu.

GUIDO RENI.

21 Saint Sébastien percé de flèches.

HORREMANS.

22 Famille hollandaise réunie dans une salle basse.

DESPORTES.

23 La Vendange; dessus de porte avec entourage en bois sculpté.

S. BOURDON.

24 L'Adoration des Mages.

DU MÊME.

25 Intérieur d'un Camp.

VAN-HEMMISSEN.

26 Peinture gothique flamande. Jésus entouré de soldats se traîne lentement, en portant l'instrument de son supplice. Sainte Véronique agenouillée lui présente une draperie qui reçoit l'empreinte de sa divine Figure.

HOBBEMA.

27 Paysage avec route sur laquelle est un troupeau conduit par un Berger.

J. RUISDAEL (Attribué à).

28 Paysage avec Cascades tombant entre des rochers ; dans le fond, l'entrée d'un village ; éclairé par un soleil brillant.

JORDAENS (Genre de).

29 Le Concert flamand.

CASQUELLE.

30 Port de mer animé par beaucoup de figures.

DU MÊME.

31   Une Vue de l'ancien Paris.

SOLIMÈNE.

32   Jésus au Jardin des Oliviers.

ÉCOLE DE BRUGES.

33   L'Entrée au bain.

FRAGONARD (Genre de).

34   Portrait d'une jeune et jolie Femme.

SANTERRE (D'après).

35   Bonne reproduction ancienne de la Suzanne du Musée français.

HONORÉ FRAGONARD.

36   Le Sacrifice à l'Amour. Première pensée du maître.

MURILLO (Attribué à).

37   Têtes d'Anges, étude.

C. VANLOO.

38   Même sujet que le précédent.

RAOUX.

39   L'Education de la Vierge.

LESUEUR (École de).

40   Le Mariage de la Vierge.

H. FRAGONARD.

41   Faune poursuivant une Bacchante

HOBBEMA (Genre de).
42 Paysage avec Figures et Animaux.
GREUZE (D'après).
43 La Cruche cassée.
MIREVELT.
44 Portrait d'un grand Seigneur.
VELASQUEZ.
45 Portrait d'une Princesse espagnole.
L. CARRACHE.
46 Le Christ et les Saintes Femmes.
D. ZAMPIERI (dit LE DOMINIQUIN).
47 Paysage d'un style élevé.
LEBRUN (Attribué à).
49 La Famille de Darius aux pieds d'Alexandre.
MURILLO (École de).
50 L'Assomption.
INCONNU.
51 L'Annonciation.
PIETRE DE CORTONE.
52 Hercule et Omphale.
RAPHAEL (D'après).
54 Jésus, la Vierge et le petit Saint Jean.
GUERCHIN.
55 Pâtre jouant de la flûte.

PERIN (Signé 1779).

56 Portrait de Mᵐᵉ de Provence, femme de Louis XVIII.

A. VERONÈSE.

57 Sainte Rosalie.

BRUANDET.

58 Paysage. Tableau capital du maître.

SANTERRE.

59 Jeune Garçon à figure joyeuse donnant à manger à un oiseau.

DU MÊME.

60 Jeune Femme lisant à la lueur d'une bougie.

MICHALON.

61 Paysage. Site italien.

J.-B. GREUZE.

62 Le Retour au Village. Composition capitale : scène naïve de Mœurs patriarchale.

LENAIN (Signé 1641).

63 *Intérieur de Corps-de-Garde.* Un soldat debout devant la cheminée déguste du vin ; ses camarades le consultent sur la bonté du liquide. Un autre soldat dort sur une chaise ; tandis que des petits mendiants jouent aux cartes.

Les amateurs intelligents qui ont contribué à

réhabiliter la mémoire des Chardin, des Géricault et autres, verront avec plaisir cette œuvre remarquable, digne de figurer dans un Musée.

RAOUX.

64 Jeune Fille à coiffure gracieuse.

D. DEHEEM.

65 Gibier et divers accessoires d'orfévrerie.

TENIERS père.

66 Villageois à la porte d'une auberge.

ELZEIMER.

67 Narcisse changé en fleur.

LANCRET.

68 Scène galante.

VAN UTRECK.

9 Panier contenant des Fruits; à côté est un bouquet de fleurs; des poules, coqs et pigeons complètent cette production.

ZORG.

70 Buveurs attablés.

SNEYERS.

71 Nature morte.

MICHAUD.

72 Paysage, effet de neige.

VANDERLEEN.
73 Paysage avec figures et animaux.

B. PEETERS.
74 Tempête sur mer.

THYSENS.
75 Agar dans le désert.

INCONNU.
76 L'Incendie de Troie.

R. SAVERY.
77 Nombreux Animaux dans un Paysage.

CLEVENBERGH.
78 Gibier et Attributs de Chasse.

KALF.
79 Nature morte.

DIÉTRICH.
80 Un Naufrage.

DEVOS.
81 La Magicienne.

VAN MOER.
82 Deux Vues de Paris.

VAN VELSEN.
83 Paysage sillonné par une rivière.

HUISMANS.

84 Paysage.

DEKER.

85 Intérieur d'Étable.

VENCKEBOOM.

86 Paysage.

LAIRESSE.

87 Sujet Mythologique.

ÉCOLE ESPAGNOLE.

88 Les Muses.

LAURENT
(Peintre de la duchesse de Berry).

89 La Naissance du duc de Bordeaux.

NATTIER.

90 La Fille du Régent.

GRYEF.

91 Chiens gardant du Gibier.

DU MÊME (Signé).

92 Pendant du précédent tableau, très fin.

DELATTRE.

93 Cheval, Moutons et Chèvres dans une écurie.

BOUCHER.

94 Promenade de Vénus dirigeant sur les eaux deux cygnes attelés à son char; des Amours voltigent autour d'elle.

VALIN.

95 Hébé, entourée de nuages, tient une coupe à la main.

LÉPICIÉ.

96 Le Lever. Charmante Composition.

PRUD'HON (D'après).

97 Vénus et Adonis.

VAN DYCK (Ecole de).

98 Saint Sébastien secouru par un Ange.

PARMESAN (Attribué à).

97 Le Roi Midas.

INCONNU.

100 Le Christ au Tombeau.

POUSSIN (Attribué à).

101 L'Evanouissement d'Esther.

MENDERHOUT.

102 Paysage avec Canal dominé par une écluse que traversent des cavaliers.

ÉCOLE ESPAGNOLE.

103 La Visitation.

ÉCOLE ITALIENNE.

104 La Cène.

ÉCOLE HOLLANDAISE.

105 Pourceaux se reposant près d'une Grange.

GÉRICAULT (D'après).

106 Postillon donnant à manger à des chevaux.

OUDRY.

107 Gibier et attributs de chasse, dans un paysage.

ÉCOLE FLAMANDE.

108 La Vierge en contemplation devant son Fils endormi.

VAN THULDEN.

109 Saint Antoine en extase.

VANDER GEMPEL.

110 Portrait d'Homme.

ZOLMAKER.

111 Paysage avec Figures et Animaux.

TIÉPOLO.

112 Enfant couché.

TITIEN.

113 La Toilette de Vénus.

COYPEL.

114 Mars et Vénus.

BRISSOT.

—120 La Rentrée des Foins.

DU MÊME.

121 Vue de la Pièce d'Eau de Neptune, à Versailles.

DU MÊME.

122 Composition capitale, représentant un paysage d'un site agréable (vue des environs de Fontainebleau).

DECAMP.

123 Jeune Mendiant suivi d'une vieille femme chargée d'une besace.

GALETTI.

124 Paysage boisé.

SCHEFFER (Genre de).

125 Mendiante tenant un enfant sur ses genoux.

H. LECOMTE.

126 Soldat dans une écurie, instruisant un chien.

DIAZ.

127 Intérieur de forêt, étude.

JULES DUPRÉ.

128 Paysage avec figures.

PAPETI.

129 Jeune Italienne, composant un bouquet.

GUILLEMIN.

130 La Confidence.

A. COUDER.

131 Eudes au siège de Paris, en 886.

FLERS.

132 Paysage, environs de Paris.
JOLIVARD.
133 Paysage, étude.
DU MÊME.
134 id. id.
SERRES.
135 Le Repos après le bain.
JONES.
136 Chèvres dans un paysage.
COLIN.
137 Sara la baigneuse (gravé dans l'œuvre de Victor Hugo.
FAUVELET.
138 Jeune Femme endormie.
HINTZ.
139 Côtes de Granville.
ZIEM.
140 Paysage, étude.
LANFANT DE METZ.
141 Le Bouquet de la grand'maman.
T. FAURE.
142 Cheval dans une écurie.
A. DE BAR.
143 Une Vue des Ardennes.
KRAMMER DE BRUXELLES.
144 Scène d'intérieur, le grand papa.

MARILHAT.

145 *Pie di grotta*, près Naples, le tombeau de Virgile.

II. VERNET.

146 Un Lancier tenant deux chevaux en main.

CHAMBELLAN.

147 Étude d'armures.

DU MÊME.

148 Les quatre Évangélistes, première pensée des fresques exécutées par l'artiste, dans l'église de...

DU MÊME.

149 Henri IV et Gabrielle.

TOURTE.

150 Jésus dépouillé de ses vêtements.

MARILHAT.

151 Étude d'Orient.

DU MÊME.

152 id.   id.

ROSA BONHEUR (Signé).

153 Intérieur d'écurie.

TESTARD.

154 Nature morte, salon de 1847, sous le numéro 4221.

DU MÊME.

155 Paysage, effet de neige.

COTTIN.

156 Une Visite inattendue un vendredi.

VIARD.

40 — 157 Les Plaisirs de l'hiver.

DU MÊME.

95 — 158 Retour de la fête de Noisy-le-Sec.

DU MÊME.

40 — 159 Une Partie à Saint-Maur.

DU MÊME.

95 — 160 Route Montretout.

TESTARD.

40 — 161 Le Retour au Polet.

Z. NOTERMAN.

180 — 162 *Le Solliciteur*; dans une chambre rustique, un braconnier vient de quitter son lit sur lequel un de ses chiens a pris place, défendant par son grognement à un autre chien de jouir de la même faveur.

DU MÊME.

90 — 163 Un Chien barbet, une cage et un nid d'oiseau.

VAN-DEN-EYKEN.

70 — 164 Intérieur flamand.

MITSCHER.

165 id. id.

FINARD.

90 — 167 Chevaux en liberté.

DU MÊME.

51 — 168 Chasseurs à l'affût.

DU MÊME.

39 — 169 Chevaux dans un pâturage.

PALIZZI.

169 *bis* Moutons au Repos.

Mme BARBIER.

170   Paysage, environs de Paris, pastel.

DU MÊME.

171   Paysage, pastel.

GALBRUN.

99 . 172   Tête d'expression, pastel.

TANNEUR.

173   Mer houleuse.

GERNAZE

35   174   Intérieur flamand. Vieillard cherchant à embrasser une jeune fille qui se défend de cette galanterie forcée.

HUGLEN.

50 — 175   Intérieur d'une ville flamande avec maison, pittoresques et édifices gothiques; quantité de figures sur une place publique.

EIZEN.

176   Scène galante.

NATOIRE.

177   Jeune Fille tenant une colombe.

SEIGNEURGENS.

42.   177 bis Les Moissonneuses.

MONGINOT.

11   178   Un Fumeur, costume Louis XV.

CASATY.

40   179   Marée basse.

JUGELET.

39   180   Marine. Golfe de Naples.

LONGUET.

10 — 181   Nymphe et Amour dans un Paysage.

JONCHERIE.

182 Trompe l'œil.

EIZEN.

183 Venus et Adonis.

DE DREUX (D'après).

184 Une Course au Clocher.
185 Sous ce Numéro les Tableaux modernes non décrits.

GRAVURES.

Portrait de Nicolas Machiavelli. Burin.
Idem de Victoria Alfieri. Idem.
VERONÈSE (D'après). La Madeleine aux pieds du Christ. Idem.

DESSINS ANCIENS.

Mᵐᵉ LEBRUN. Crayon noir. Jeune Femme endormie.

MEUBLES, BRONZES, OBJETS DIVERS.

Deux Meubles, bois rose, avec plaques porcelaine fond bleu, garniture en bronze.

Une Pendule bronze et deux Candélabres (l'Amour et Psyché).

Une Idem, façon Boule.

L'Arabe et son Coursier, bronze par Marochetti.

Le Buste de Molière, bronze.

Imp de Mᵐᵉ de Lacombe, rue d'Enghien, 11.

www.ingramcontent.com/pod-product-compliance
Lightning Source LLC
Chambersburg PA
CBHW030112230526
45471CB00003B/1386